12

INTIMIDACIONES

LAS MENTIRAS QUE SATANAS USA PARA
OBSTACULIZAR NUESTRA EVANGELIZACION

R. LARRY MOYER

12 Intimidaciones: Las mentiras que Satanás usa para obstaculizar nuestra evangelización.

Original en inglés: The 12 Intimidations: The lies Satan uses to hinder our evangelism.
Copyright © 2023 por R. Larry Moyer.

Publicado por Evantell, INC., P.O. Box 703929, Dallas, Texas 75370.

Diseño de la portada: Holly Morrison
Diseño interior: Shaylana Nelson
Traductores: Emery Bastidas y Carmen Bastidas
Revisión: Djery Flores

ISBN: 979-8-9889750-4-5
Impreso en los Estados Unidos de América

Este libro está dedicado a aquellos que quieren saber cómo Satanás intimida a los creyentes en la evangelización, y cómo rechazar esas intimidaciones al compartir constantemente las Buenas Nuevas.

Contenido

Introducción

Intimidación. Satanás es un maestro en eso. De hecho, nadie es mejor. Muchas veces lo hace mediante mentiras. Tanto es así, que la Biblia lo llama mentiroso y padre de mentira (Juan 8:44). Y las dice de tal manera que te convence de que sabe de lo que habla.

Es en la evangelización el lugar en donde le gusta más intimidar a la gente mediante cuando evangelizamos. ¿Por qué no lo haría? Después de todo, cuando comparten las Buenas Nuevas de Cristo con los no creyentes, usted está atacando directamente su reino. Si respondieran a su mensaje y confiaran en el Salvador, el reino de Satanás habría sufrido una disminución y el reino de Dios habría experimentado un aumento. Se puede decir que nada enoja más a Satanás que ver a un creyente compartir el evangelio. En virtud de que la persona confía en Cristo, Satanás ya ha perdido a una persona, y ahora, a través de ese creyente que le cuenta a otra persona acerca del Salvador, está a punto de perder a otra persona más.

Por eso intenta jugar con nuestra mente incluso antes de que empecemos a evangelizar. Puede hacernos pensar en malas experiencias o mirar nuestros fracasos en alguna área. Si puede jugar con nuestras mentes, siente que al menos tiene "la mitad del camino ganado" para desalentar nuestra evangelización.

Sin embargo, Satanás no puede hacer nada en nuestras vidas a menos que Dios se lo permita. Y cuando él lo permite, es para hacernos más maduros y semejantes a Cristo. Dios tiene el control, no Satanás. Cualquier intimidación que Satanás intente tiene que ser permitida por Dios con un buen propósito.

Estos dispositivos de intimidación se convierten en excusas para no evangelizar y son sus principales herramientas. Lleva años utilizando las mismas estrategias en todo el mundo. ¡En realidad no es muy original! Hay doce estrategias de intimidación comunes que utiliza repetidamente. A veces contienen un poco de verdad, pero él tergiversa esa verdad para tratar de desanimarnos y derrotarnos.

Este libro le informará cuáles son las excusas de intimidación que usa Satanás y cómo las usa. Una vez entendido esto, usted podrá confrontarlo directamente, amonestarlo para que se haga a un lado y pasar a tener lo que podría ser la experiencia más placentera de su vida: llevar a alguien al Salvador. Incluso si la persona con la que comparte el evangelio no confía en Cristo, usted tendrá la satisfacción de saber que no permitió que Satanás le impidiera ser el representante de Dios al decirles a los no creyentes algo que Dios quiere que escuchen alto y claro: ¡Te amo!

Intimidación #1

No conoces suficiente de la Biblia para evangelizar.

Satanás sabe que usted quiere compartir la verdad de la Palabra de Dios con los no cristianos. También sabe que quiere que todos entiendan que lo que está diciendo proviene de una fuente superior: Dios mismo. Usted no está presentando su plan de salvación; está presentando el plan de salvación de Dios.

La intimidación que utiliza es: "No conoces la Biblia lo suficiente como para evangelizar".

Una cosa que Satanás intenta evitar que veamos es que las personas que conocen la Biblia de principio a fin no son necesariamente las que llevan a la mayoría de las personas a Cristo. En cambio, un nuevo convertido es quien puede presentarle a Cristo a más personas, alguien recientemente guiado al Salvador, porque quiere que todos sepan la verdad que acaba de cambiar su vida. Los nuevos creyentes son algunos de los evangelistas más celosos de Dios. He conocido a muchos que a los pocos días de su conversión, reunieron a tanta gente como pudieron para comunicarles el emocionante mensaje que acababa de cambiar sus vidas.

En ninguna parte la Biblia dice que hay que conocer la totalidad de las Escrituras para evangelizar. Más bien, es un mensaje específico de la Biblia que debemos entender. El mensaje es el evangelio y se llama "poder de Dios para salvación". Romanos 1:16 nos dice: "A la verdad, no me avergüenzo del evangelio, pues es poder de Dios para la salvación de todos los que creen: de los judíos primeramente, pero también de los que no son judíos".

> Los nuevos creyentes son algunos de los evangelistas más celosos de Dios.

Los componentes históricos de ese mensaje se definen en 1 Corintios 15:3–5, donde leemos: "Porque ante todo les transmití a ustedes lo que yo mismo recibí: que Cristo murió por nuestros pecados según las Escrituras, que fue sepultado, que resucitó al tercer día según las Escrituras, que se apareció a Cefas y luego a los doce".

Note los cuatro verbos que rodean a Cristo: murió, fue sepultado, resucitó, apareció. Su sepultura es prueba de que murió. No se sepulta a personas que están vivas sino a personas que han muerto. El hecho de que haya sido visto es prueba de que resucitó. Otros lo vieron después de su resurrección. Entonces, la verdad básica del evangelio podría reducirse a diez palabras: *Cristo murió por nuestros pecados y resucitó de la muerte.*

Ese es el mensaje que los no creyentes necesitan escuchar, no toda la Biblia. Si alguien conoce esas diez palabras, "Cristo murió por nuestros pecados y resucitó de la muerte", está preparado para hablar con cualquier persona en cualquier lugar. Una vez que los no cristianos escuchan ese mensaje, Dios les pide que crean. Les está pidiendo que respondan con fe, confiando únicamente en Cristo como su único camino al cielo. La promesa de Dios a aquellos que confían en Cristo es: "Les aseguro que el que cree en mí tiene vida eterna" (Juan 6:47).

Si alguien conoce esas diez palabras, "Cristo murió por nuestros pecados y resucitó de la muerte", está preparado para hablar con cualquier persona en cualquier lugar.

Saber la mayor cantidad posible de la Biblia siempre es útil en la evangelización. Si le preguntan sobre un versículo en particular, es posible que pueda explicárselo. También podría responder una pregunta particular que tengan y que la Biblia aborda. Pero incluso, si les enseña toda la Biblia y ellos reciben lo que les enseñó, esto no significa necesariamente que hayan llegado a conocer de Cristo. Cuando reciban el evangelio, la verdad acerca de la muerte y resurrección de Cristo, y confíen en Cristo, serán salvos. Además, como mencionaré más adelante cuando hablemos de otra excusa que usa Satanás, si le hacen una pregunta sobre algo en la Biblia que aún usted no ha aprendido, siempre puede decir: "No sé" y volver luego con la respuesta.

Si bien conocer la Biblia completa no es esencial para la evangelización, conocer el Evangelio sí lo es. Relájese en el hecho de que cuando conoce el mensaje simple de que Cristo murió por nuestros pecados y resucitó de la muerte, estás preparado para hablar con aquellos que necesitan escuchar ese mensaje simple y transformador.

Preguntas para reflexionar

1. ¿Podría pensar en momentos en que usted se ha presionado demasiado para saber más de la Biblia antes de compartir su fe? ¿Recuerda algún momento específico?

2. ¿Por qué y cómo debería proporcionarle alivio y valor para evangelizar el hecho de que usted conozca las diez palabras que constituyen el evangelio?

Intimidación #2

Harás el ridículo. No podrás responder a sus preguntas y objeciones.

Esta intimidación muestra cuán astuto es Satanás. Es una mentira que contiene una verdad a medias.

Lo más probable es que no pueda responder todas las preguntas y objeciones. Hay dos razones. Primero, ¿cómo puede prepararse adecuadamente si no sabe qué le van a preguntar? Usted no lee la mente de las personas. En segundo lugar, si usted es un nuevo creyente, es posible que no haya aprendido lo suficiente como para poder responder las preguntas y objeciones que tienen algunos. De hecho, incluso aquellos que han sido creyentes durante muchos años, tal vez no sepan cómo responder preguntas u objeciones específicas.

En ninguna parte de la Biblia se dice que hay que saber todas las respuestas. La mayoría de las personas no tienen un conocimiento enciclopédico como para responder cada pregunta u objeción que pueda tener un no cristiano. Aún así, muchos guían a otros al Salvador. Son apasionados para presentar a Cristo. Es su pasión, no su intelecto, lo que hace que los no creyentes los escuchen.

En Hechos 5:42 se nos dice acerca de los apóstoles: "Y día tras día, en el templo y de casa en casa, no dejaban de enseñar y anunciar las buenas noticias de que Jesús es el Cristo". Querían que todos escucharan las buenas nuevas acerca de la muerte y resurrección de Cristo. En ninguna parte se dice ni una palabra sobre su capacidad para responder preguntas y objeciones que pudieran presentarse. Sólo querían compartir el evangelio con todos. Y esto es particularmente interesante tomando en cuenta que lo hacían después de que los golpearon por hablar en el nombre de Jesús (Hechos 5:40).

Dawson Trotman, quien fundó una asociación llamada Navegantes, se destacó por la siguiente declaración: "Los ganadores de almas no lo son por lo que saben, sino por Aquel a quién conocen y cuánto quieren que otros lo conozcan".

Hechos 17:2 dice: "Como era su costumbre, Pablo entró en la sinagoga y tres sábados seguidos discutió con ellos. Basándose en las Escrituras...". Pablo sabía cómo responder preguntas y objeciones. Esta capacidad de responder preguntas y objeciones que tienen muchas personas puede ser de gran ayuda en la evangelización. Pero en ninguna parte la Biblia dice que es un requisito para la evangelización.

Lo que Satanás tampoco le dice es que hay tres palabras que atraen a los no creyentes si plantean una pregunta o una objeción que usted no es capaz de responder. Esas tres palabras son: "No lo sé". También podría decir: "Déjeme pensar en eso". Afirmaciones como esas demuestran tanto honestidad como humildad, cualidades que un no cristiano puede respetar.

Luego podrá buscar la respuesta y estar preparado para la próxima vez que tenga la oportunidad de interactuar con una persona y surja esa pregunta. De esa manera, cualquier persona puede dejarlo una vez sin la respuesta a una pregunta en particular, pero nadie lo hará dos veces.

Cuanto más comparta su fe y escuche las preguntas y objeciones que plantean los no creyentes y conozca las respuestas, mejor equipado estará para evangelizar. La pregunta particular que no pudo responder la primera vez, podrá responderla la próxima.

Por supuesto, Satanás no quiere que usted sepa que muchas personas no tendrán preguntas u objeciones particulares. Simplemente no han tenido a nadie que les haya explicado claramente el evangelio. Si les pregunta: "¿Alguien alguna vez tomó una Biblia y le mostró cómo saber que va al cielo?", probablemente responderán: "No, no creo que alguien lo hayan hecho".

Además, el amor de Dios se expresa claramente en su muerte sustitutiva (lo crucificaron cuando deberían habernos crucificado a nosotros) y su resurrección. El hecho de que Él realmente tomara su lugar en la cruz como sustituto, a menudo hace que sus preguntas y objeciones sean menos importantes para ellos.

Cuanto más comparta su fe y escuche las preguntas y objeciones que plantean los no creyentes y conozca las respuestas, mejor equipado estará para evangelizar.

A Satanás le encanta sacar las Escrituras de contexto para reforzar sus excusas. Una porción de la Biblia que le encanta usar es 1 Pedro 3:15. Leemos: "Más bien, honren en su corazón a Cristo como Señor. Estén siempre preparados para responder a todo el que pida razón de la esperanza que hay en ustedes. Pero háganlo con gentileza y respeto". Entonces, en esencia, Satanás dice: "Mira, incluso el Dios del que estás hablando dice que no debes hablar con otros acerca de Él a menos que puedas responder cualquier pregunta u objeción que planteen".

Eso no es lo que dice ese pasaje. Al observar el contexto, Pedro sostiene que siempre debemos sufrir por hacer el bien y no el mal. Un par de versículos antes dijo: "Y a ustedes, ¿quién les va a hacer daño si se esfuerzan por hacer el bien?". Por lo general, son los malhechores los que sufren daños por sus acciones, no los buenos. Al mismo tiempo, continúa: "¡Dichosos si sufren por causa de la justicia! No teman lo que ellos temen ni se dejen asustar". En otras palabras, no deje que lo intimiden.

¿Por qué y cómo? La respuesta es dejar que un temor a Dios apropiado expulse nuestro temor al hombre: "Honren en su corazón a Cristo como Señor". Entonces, cuando la gente le pregunte:

"¿Por qué no tienes miedo?" o "¿Por qué crees en Dios?" o "¿Por qué sirves a un Dios en lugar de a muchos?" puede dar "razón de la esperanza que hay en usted", con "gentileza y respeto". Esas dos palabras significan reverencia a Dios y respeto a los hombres. Pero de ninguna manera ese pasaje dice que debemos ser capaces de defender lo que creemos antes de evangelizar.

> Concéntrese en declarar lo que cree, no en defenderlo.

Déjame hacerle una sugerencia, reconozca esa excusa como lo que es: un instrumento que Satanás quiere usar para impedirle hablar con alguien en cualquier lugar. Adelante, comparta su fe. Si surge una pregunta que no está seguro de cómo responder, simplemente diga: "¿Puedo escribirla? Luego, cuando termine de explicarle lo que tanto me interesa que usted entienda, volveremos a ello". Eso evitará que se distraiga. Cuando les ofrece explicarles después sus preguntas, es sorprendente cuántas veces dicen: "Oh, en realidad no es tan importante". O si es algo que sinceramente no sabe cómo responder, puede decirle: "Déjeme escribirlo. No sé la respuesta a esa pregunta, pero estudiaré un poco y me comunicaré con usted".

Concéntrese en declarar lo que cree, no en defenderlo. Cuanto más comparta su fe, desarrollará cada vez más conocimientos para responder preguntas y objeciones. Pero es por Aquel a quién conoce, no cuánto sabe, lo que le permitirá impactar a los no creyentes.

Preguntas para reflexionar

1. ¿Cuándo se ha encontrado en una situación en la que, cuando le hicieron una pregunta que no podía responder, todo lo que habría necesitado decir era: "No lo sé"?

2. ¿Realmente cuántas veces le han hecho una pregunta que no pudo responder?

Intimidación #3

**Eres demasiado hipócrita.
Ni siquiera vives la vida que
deberías vivir.**

Satanás sabe que, si usted le cree esto, usted nunca hablará con nadie acerca de Jesús.

La razón es sencilla. ¿Quién se atrevería a decir que su vida ha sido 100% como debería ser para Cristo? No existe un cristiano perfecto; sólo hay un Cristo perfecto. Al final de cualquier día, podemos mirar hacia atrás y ver cosas como: podríamos haber sido más pacientes, nuestra vida de oración dejó mucho que desear, nos apresuramos en nuestro estudio bíblico, con demasiada frecuencia fuimos egoístas y ego-céntricos, nuestra mente albergó pensamientos equivocados, nuestra lengua no estuvo bajo control y perdimos muchas oportunidades de ser amables con las personas lastimadas.

Si espera hasta que su vida sea todo lo que debería ser, probablemente nunca le dirá una palabra a nadie acerca del Salvador. De hecho, cuanto más consciente sea usted de su caminar como cristiano, más podrán sus fracasos impedirle evangelizar.

Además, hay una cosa muy importante que Satanás no le está diciendo. Cualquiera que haya pasado tanto tiempo como yo en la evangelización lo aprende rápidamente: los no creyentes no se desaniman por las personas que fracasan. No esperan que usted sea perfecto, esperan que sea honesto. Así que, si mencionan un área en la que usted no vive como debería, simplemente diga: "Esa es un área de mi vida de la que no estoy orgulloso y necesito pedirle al Señor que me haga una mejor persona. Lo siento mucho si eso le ha ofendido o dañado mi testimonio". Le sorprenderá lo significativo que esto es para ellos.

Eso no quiere decir que no deba buscar cambiar aquellas cosas que dañarían su testimonio. Debemos tomar en serio la amonestación que se encuentra en Filipenses 2:14-15. "Háganlo todo sin quejas ni contiendas, para que sean intachables y puros, hijos de Dios sin culpa en medio de una generación torcida y depravada. En ella ustedes brillan como estrellas en el mundo". No se puede subestimar el impacto que tiene su vida cuando vive como debe.

Una vez tuve el privilegio de llevar a Cristo a un vendedor de automóviles que fue impactado por una persona que también se llamaba Larry. El hombre me dijo: "La mayoría de los cristianos que conocía no vivían mejor que yo. Pero Larry fue el primero que conocí que realmente vivía la vida que predicaba". El Señor usó la vida de Larry para comenzar a hacer que el vendedor de autos pensara seriamente en Cristo.

> Si espera hasta que su vida sea todo lo que debería ser, probablemente nunca le dirá una palabra a nadie acerca del Salvador.

Además, si Satanás intenta utilizar esta acusación, a usted no le tomará un año cambiar su forma de vivir. Admita que puede haber verdad sobre la hipocresía en su vida. Pídale a Dios que le ayude a cambiar eso hoy para que su vida se convierta en una atracción y no en un impedimento para aquellos que no conocen al Señor. Esfuércese por ser lo que Santiago 1:22 llama un "hacedor de la Palabra".

Envuelto en esta intimidación hay otro elemento que Satanás no le está diciendo. Los no cristianos están plenamente conscientes de que sus propias vidas tienen mucha hipocresía. Una persona a la que le testifiqué me dijo que no se convertiría en cristiano porque si lo hacía, probablemente tendría que ir a la iglesia. Me explicó que pensaba que había demasiados hipócritas allí. Este hombre era un ávido fanático del béisbol y estaba viendo un partido mientras hablábamos. Le di el nombre de un jugador que le agradaba a él, que yo conocía personalmente y que decía ser cristiano, pero que en el área donde vivía era conocido como un hipócrita. Le pregunté si me permitiría apagar la televisión por culpa de los jugadores que son hipócritas. Él se negó. Le pregunté: "Entonces, ¿No vas a la iglesia porque no soportas a los cristianos hipócritas, pero no te importa ver a este hombre jugar béisbol, aunque es un hipócrita?". Entonces, ¿quién es más hipócrita, usted o él? Curiosamente, no tuvo respuesta. Los incrédulos que han sido cegados por Satanás (2 Cor. 4:4) a menudo no se dan cuenta de cómo se contradicen y dan excusas en lugar de explicaciones para no venir a Cristo.

> Los no cristianos están plenamente conscientes de que sus propias vidas tienen mucha hipocresía.

Cuando Satanás usa esta acusación, hay otra cosa que espera que no le venga a la mente. Dios no le está pidiendo a nadie que confíe en los cristianos. El cristiano más cercano a la perfección no le llevará al cielo. Dios le está pidiendo que confíe en Cristo. Él no era un hipócrita. Los hipócritas no morirían por usted en la cruz. Romanos 5:8 nos dice: "Pero Dios demuestra su amor por nosotros en esto: en que cuando todavía éramos pecadores, Cristo murió por nosotros".

Incluso sus enemigos no encontraron ningún defecto en él. Lucas 23:13-14 dice: "Pilato entonces reunió a los jefes de los sacerdotes, a los gobernantes y al pueblo y les dijo: —Ustedes me trajeron a este hombre acusado de fomentar la rebelión entre el pueblo, pero resulta que lo he interrogado delante de ustedes sin encontrar que sea culpable de lo que ustedes lo acusan".

El cristiano más cercano a la perfección no le llevará al cielo. Dios le está pidiendo que confíe en Cristo.

Viva una vida que atraiga a las personas al Salvador. Pero no deje que las acusaciones de Satanás le impidan compartir a aquel que no era un hipócrita.

Preguntas para reflexionar

1. ¿Admitir sus fallas, pero no dejarse intimidar por ellas le ayuda a usted a superar esta intimidación que usa Satanás?

2. ¿Cómo debería aumentar su entusiasmo en la evangelización el hecho de que está presentando a un Cristo perfecto y no a un cristiano perfecto?

Intimidación #4

Ellos se sentirán ofendidos y perderás a un buen amigo.

Observe cuántas de las excusas que Satanás intenta que usemos están expresadas en un lenguaje que afirma que "seguramente sucederá". Con esta excusa, no está diciendo que podría perder a un amigo, sino que perderá a un amigo.

En primer lugar, supongamos que sí. El amor genuino pone a la otra persona en primer lugar, incluso si eso significa sacrificarse a uno mismo. Desde una perspectiva eterna, ¿qué es lo más importante, tener una relación con usted o con Cristo? Obviamente, lo primero y más importante es su relación con Cristo. La relación con usted no le dará la vida eterna. Una relación con Cristo resultará en estar en su presencia para siempre.

Juan 1:12 dice: "Mas a cuantos lo recibieron, a los que creen en su nombre, les dio el derecho de ser hechos hijos de Dios". Usted no quiere perder a un amigo, pero si eso sucede y luego, al recordar la verdad que compartió, él viene a Cristo, habrá valido la pena.

> Desde una perspectiva eterna, ¿qué es lo más importante, tener una relación con usted o con Cristo?

Las relaciones y amistades se basan en el cuidado y la preocupación. Es por eso que lo más probable es que no pierda a un amigo si se acerca a él de la manera correcta. Claro, su amigo no quiere que le meta a Jesús "por los ojos". Las personas que se preocupan unas por otras no se tratan de esa manera. En cambio, su acercamiento sería: "Hace años, me presentaron a alguien que cambió mi vida y, debido a lo que pasó, ahora no tengo dudas sobre adónde iré cuando muera. Quiero que tengas la misma seguridad, así que me encantaría explicarte lo que alguien me explicó a mí". Saber que se preocupa por ellos podría marcar la diferencia al hablar de asuntos espirituales.

Algo que Satanás nunca aborda cuando aprovecha esa excusa (porque es algo que lo aterroriza muchísimo) es el tema de la oración. Satanás no va a decirle que Dios está más preocupado por su amigo que usted. Por eso, cuando sumerge a su amigo en oración, pidiéndole a Dios una oportunidad para compartir, muchas veces suceden cosas emocionantes. Dios hace que lleguen a sus vidas acontecimientos o que entren en sus mentes pensamientos que los preparan para su conversación. Se dice que "Satanás tiembla cuando ve de rodillas al cristiano más débil". En ninguna parte esto es más cierto que cuando usted habla con Dios antes de hablar con su amigo.

Satanás conoce bien la verdad de 1 Juan 4:4: "El que está en ustedes es más poderoso que el que está en el mundo". Muchos creyentes han visto a un amigo más accesible debido a la forma en que Dios, preparó su corazón y su mente en respuesta a la oración, para tener así una conversación. Pídale a Dios que le proporcione esa "puerta de oportunidad" y es posible que le sorprenda lo que suceda.

Satanás tampoco quiere que usted comprenda el poder de la gracia y la verdad. Juan 1:14 nos dice: "Y el Verbo se hizo hombre y habitó entre nosotros. Y contemplamos su gloria, la gloria que corresponde al Hijo único del Padre, lleno de gracia y de verdad". Supongamos que al abordar el tema, ellos parecen ofendidos. La verdad y la gracia dicen: "Por favor, sepan que no quiero ofenderlos. Eres demasiado buen amigo para eso. Pero me molesta que, cuidándote como lo hago, no te haya preguntado sobre tu interés por las cosas espirituales. Sin embargo, te prometo que eso no cambiará nuestra amistad de ninguna manera". Esa combinación de gracia y verdad es poderosa en la evangelización.

Satanás tampoco quiere que usted entienda la "norma", o en otras palabras, lo que es más probable que suceda. La experiencia más común es que los no creyentes pregunten: "¿Por qué no me hablaste de esto antes?". Nuevamente hay un lugar para la gracia y la verdad. Es una oportunidad para que usted diga: "Sinceramente quería hacerlo, pero al no estar seguro de tu interés o respuesta, dudé. Tu amistad significa mucho para mí".

Pídale a Dios que le proporcione esa "puerta de oportunidad" y es posible que le sorprenda lo que suceda.

Vea la táctica de Satanás tal como es: un miedo a lo que probablemente ni siquiera sucederá. Si usted toma la mentalidad de "perderé a un amigo" y cámbielo por "podría perder a un amigo". Eso significa que existe la posibilidad, no la seguridad, de que suceda. Es posible que desee haberse acercado a su amigo antes. Pero si la conversación se vuelve incómoda, Dios a través de su Espíritu Santo le ayudará a saber cómo manejarla.

Piénselo. Satanás quiere que considere la posibilidad de perder a un amigo. Lo que Satanás no le está diciendo es que "podría ganar un hermano o una hermana en Cristo".

Preguntas para reflexionar

1. ¿Se ha enfocado usted demasiado en su relación con sus amigos en lugar de enfocarse en la relación de ellos con Cristo?

2. ¿Cómo debería impactar su evangelización la diferencia entre pensar que "podría perder un amigo" y "perder un amigo"?

Intimidación #5

Debes esperar hasta que las personas con las que quieres compartir de Cristo, te mencionen su interés por cosas espirituales para compartir con ellos.

Estoy convencido de que una de las palabras favoritas de Satanás es "espera".

Cuando se trata de compartir el evangelio, le encanta decir: "No hagas hoy lo que puedas dejar para mañana". Obviamente, sabe que el "mañana" tal vez nunca llegue. Con esta excusa él puede hacer que usted posponga compartir el evangelio hasta que sea demasiado tarde debido a la muerte de sus amigos o la suya.

Nosotros los creyentes recibimos nuestras órdenes de Jesús, no de Satanás. ¿En qué parte de la Biblia dice que hay que esperar hasta que los no creyentes saquen el tema sobre cosas espirituales? En la conocida historia de Cristo y la mujer samaritana de Juan 4, Cristo inició la conversación. Ella expresó su sorpresa de que Él, como judío, le pidiera de beber a ella, siendo samaritana. Inmediatamente le dijo: "Si supieras lo que Dios puede dar y conocieras al que te está pidiendo agua, tú le habrías pedido a él y él te habría dado agua viva".

Además, muchas veces los no creyentes han tenido la esperanza de que un cristiano se acerque a ellos primero. Un médico en el noroeste de los Estados Unidos me dijo que después de tratar a una paciente, le dijo que había terminado, pero ella se quedó sentada. Curioso por saber si había algo más, le preguntó: "¿Hay algo más?". Ella respondió: "¿Quiere decir que no me va a hablar de Jesús? Una de las razones por las que hice esta cita es que escuché que usted es cristiano. Tengo algunas preguntas sobre Dios y esperaba que mencionara el tema". Los no creyentes no siempre están seguros de cómo abordar el asunto. A veces esperan que usted lo mencione primero.

Nosotros los creyentes recibimos nuestras órdenes de Jesús, no de Satanás.

Si bien puede ser cierto que una persona no esté interesada en las cosas espirituales, usted podría ser el primero a quien Dios use para hacer que ella comience a pensar en él. Cuando se les ha preguntado a algunos no creyentes: "¿Has pensado en las cosas espirituales?", muchos dicen: "No, realmente no lo he hecho, pero probablemente lo necesito". Esa primera conversación es lo que finalmente lleva a algunos de ellos al Salvador. Dios usa a algunos como la última persona en la fila de aquellos que van a guiar a una persona al Salvador. Pero a veces, podrías ser el primero de toda una línea de creyentes que Dios va a usar.

Cuando Satanás diga: "Espera", debemos responder diciendo: "¡Mira lo que hago!"

Satanás tiene la esperanza de que muchos creyentes nunca encuentren la verdad expresada en Eclesiastés 3:11, donde se nos dice que

Dios ha dado a todos el hambre de saber qué sucederá en la otra vida. Leemos: "Dios hizo todo hermoso en su tiempo, luego puso en la mente humana la noción de eternidad, aun cuando el hombre no alcanza a comprender la obra que Dios realiza de principio a fin". Entonces, todo el mundo ha pensado en eso en algún momento. Saber esa verdad debería animarnos a sacar el tema a colación, no esperar a que ellos lo hagan.

Cuando Satanás diga: "Espera", debemos responder diciendo: "¡Mira lo que hago!". En obediencia a su tarea como discípulo de ser "pescador de hombres" (Mateo 4:19), ignore la mentira de Satanás y hábleles a las personas acerca de su necesidad de Cristo.

Preguntas para reflexionar

1. ¿Cómo podría la idea de "mañana" en lugar de "hoy" hacer que usted descuide oportunidades de evangelizar esta semana?

2. ¿Puede pensar en alguien que haya conocido que cuando no era cristiano quería discutir temas espirituales, pero no sabía cómo sacar a relucir el asunto?

Intimidación #6

No eres muy bueno explicando las cosas. Puede que hagas más daño que bien.

Satanás conoce sus puntos débiles. Entonces, una de sus mentiras es intentar mostrarle cómo ese punto débil se notará en el evangelismo.

De hecho, puede que usted no sea bueno explicando las cosas. Mucha gente no lo es. Me encanta (y me da risa) la historia de la mujer que acudió a un juez en busca de divorcio. El juez le preguntó: "¿En cuál terreno se hace tan difícil el matrimonio para que usted quiera el divorcio?". La mujer respondió: "Mi esposo y yo tenemos alrededor de un acre y medio. Me gustaría que cubriera todo". El juez respondió: "No me ha entendido. Lo que quiero decir es, ¿tiene un área específica donde están sus motivos para el divorcio?" Ella respondió: "Sí, tenemos una para dos autos. Él mantiene el suyo a la izquierda y yo mantengo el mío a la derecha". El juez dijo: "Señora, todavía no lo entiende. Lo que estoy tratando de averiguar es: ¿qué área de su vida ha sido más golpeada?" Ella respondió: "Él nunca me ha golpeado. Me levanto antes que él todas las mañanas". El juez dijo: "Aún no lo comprende. Lo que estoy tratando de entender es por qué quiere divorciarse". Ella respondió: "Yo tampoco lo entiendo, pero él dice que no puedo comunicarme".

¡Algunas personas simplemente no son buenas explicando las cosas! Comunicarse no es lo mejor que hacen. La mentira de Satanás dice: Así que, como no eres bueno explicando las cosas, tampoco lo serás explicando esto.

Una palabra que Satanás intenta descartar de tu mente es "entrenamiento". Muchos no se sienten seguros de cómo explicar las tres cosas que uno necesita saber para venir a Cristo. Las cuales son: (1) somos pecadores, (2) Cristo murió por nosotros y resucitó, y (3) tenemos que confiar únicamente en Cristo para salvarnos. La capacitación en evangelización ha ayudado a muchos a saber cómo explicar estas tres verdades a un incrédulo.

Además, hay folletos impresos y también virtuales que son muy fáciles de usar, que uno simplemente tiene que leer con la persona. Los folletos mismos dan la explicación.

La capacitación en la evangelización también ha ayudado a los creyentes a saber cómo hacer la transición de una conversación hacia temas espirituales, e incluso responder algunas preguntas particulares que pueda tener un no creyente. Esas son áreas que Satanás usa a menudo para intimidar a los cristianos en la evangelización.

Lo más importante que Satanás no quiere que usted vea es que, cuando usted comparte su fe, no lo hace solo. Siete de las palabras más importantes (que se encuentran en lo que comúnmente se conoce como la Gran Comisión en Mateo 28:20) son: "Les aseguro que estaré con ustedes siempre". Dios está más preocupado que usted por la explicación de sus Buenas Nuevas a los perdidos. Una simple oración de "Dios, ayúdame a explicar esto claramente" es todo lo que se necesita para experimentar su ayuda divina.

Pero Satanás no es alguien que se queda a medias; le encanta añadir una mentira a otra mentira. Continúa diciendo: "Puedes hacer más daño que bien". Eso nunca ha sucedido. Hay dos razones. Dios es más grande que los errores de usted y esos errores no le impiden traer a alguien a Cristo. En segundo lugar, Dios usa sus errores para enseñarle.

Aquellos que comparten a Cristo a menudo lo hacen mejor porque aprenden mientras comparten.

> Lo más importante que Satanás no quiere que usted vea es que, cuando usted comparte su fe, no lo hace solo.

Además, supongamos que usted hace lo que Satanás llama "daño". Quizás se apresura a entablar una conversación demasiado rápido o responde bruscamente al comentario de alguien que no es cristiano. Una vez más, Dios es más grande que sus errores. Él puede vencerlos para llevar a la persona a Cristo. Lo más importante es que Dios no le está pidiendo que lleve a los perdidos a Cristo, sino que lleve a Cristo a los perdidos. El no creyente puede usar algo que usted dijo o hizo como excusa para no venir a Cristo, pero eso es todo lo que es: una excusa. Si no lo hace, Dios no le ve a usted como responsable de la separación eterna de esa persona. Eso nunca se dice en la Biblia.

A veces, Satanás usa Escrituras sacadas de contexto para hacernos pensar que somos responsables del destino eterno de alguien. Una de esas Escrituras que a menudo se usa mal es Ezequiel 3:18–19. Leemos: "Cuando yo diga al malvado: "¡Vas a morir!", y tú al malvado no le hayas advertido sobre su mala conducta—para que siga viviendo—, ese malvado morirá por causa de su pecado, pero yo te pediré cuentas de su muerte. En cambio, si tú se lo adviertes y él no se arrepiente de su maldad ni de su mala conducta, morirá por causa de su pecado, pero tú habrás salvado tu vida".

> Una simple oración de "Dios, ayúdame a explicar esto claramente" es todo lo que se necesita para experimentar su ayuda divina.

Ese versículo no tiene nada que ver con la evangelización. La muerte de la que se habla es física, no espiritual. El contexto es la destrucción babilónica de Jerusalén que predijo el profeta. Ezequiel había sido nombrado centinela sobre Israel para advertirles de un peligro inminente. Los capítulos 4 al 24 contienen su grito de alarma. Si no les hubiera advertido, sería responsable de sus muertes. Pero al advertirles, incluso si ignoraran su advertencia, serían responsables de sus propias muertes y Ezequiel se salvaría de la responsabilidad del juicio venidero. Una vez más, el versículo no tiene nada que ver con la evangelización.

> El no creyente puede usar algo que usted dijo o hizo como excusa para no venir a Cristo, pero eso es todo lo que es: una excusa.

Deje que Dios le use para explicar las Buenas Nuevas a los demás. Reconozca que, independientemente de lo que suceda, en última instancia usted ha honrado al Señor y se ha ayudado a sí mismo y a los demás. Ha adquirido experiencia al explicarles algo que necesitan saber. ¡Aunque se podría haber dicho o hecho mejor!

Preguntas para reflexionar

1. ¿Cómo y dónde puede usted aprovechar las oportunidades de capacitación este mes que le ayudarán a comunicar mejor su fe a los demás?

2. ¿Cómo ha prevalecido en su mente el miedo a cometer un error cuando se enfrenta a oportunidades de testificar?

Intimidación #7

A veces cuestionas tu propia salvación. No les puedes hablar de su salvación cuando no estás seguro de la tuya.

A Satanás le encanta mezclar una pizca de verdad con un montón de mentiras.

Usted puede hablar con otros sobre su salvación, aunque no esté seguro de la suya, pero es poco probable que lo haga. Ahí reside una pizca de verdad. ¿Cómo puede compartir con otros con entusiasmo el cómo llegar al cielo cuando no está seguro de que usted mismo estará allí? Además, es difícil enfocarse en la lucha de ellos en ese momento si está preocupado por la suya propia.

Donde entra en juego la "tonelada de mentiras", es que Satanás quiere dar la impresión de que la seguridad de la salvación de ellos depende de la seguridad de la suya. En otras palabras, usted le cree la mentira de que ellos no pueden estar seguros de su salvación porque usted no está seguro de la suya.

Si reciben su mensaje de gracia y confían en Cristo, estarán tan seguros del cielo como si ya estuvieran allí. Incluso, si usted lucha con la seguridad de su salvación, no hay necesidad de que ellos luchen con la de ellos. Son dos asuntos separados porque se trata de personas diferentes. ¡A Satanás le encanta confundir las cosas!

Donde también entra en juego la "tonelada de mentiras", es que Satanás quiere dar la impresión de que, dado que siempre puede carecer de seguridad, usted debe renunciar permanentemente a la idea de evangelizar. Póngase en el lugar de Satanás. Si puede atormentar a alguien con falta de seguridad de su salvación, ¿querría dejar de atormentarlo? Por supuesto que no. Un obstáculo temporal para compartir su fe se convierte en permanente.

¡A Satanás le encanta confundir las cosas!

Lo que Dios quiere que usted haga, es decir: "Apártate de mí, Satanás", y se pregunte: "¿Por qué no estoy seguro?". Podría deberse a varias razones. Quizás no pueda recordar la fecha real en la que confió en Cristo y alguien le dijo: "Si no sabes la fecha en que fuiste salvo, entonces no eres salvo". Bíblicamente, eso no es cierto. Si confía únicamente en Cristo para salvarse, usted es de Él para siempre, sin importar cuándo y dónde sucedió.

Quizás le hayan dicho: "Si no pareces ni actúas como cristiano, entonces no eres cristiano". Nuevamente, en ninguna parte de las Escrituras se enseña eso. Todo creyente tiene días en los que no se ve ni actúa como debería como cristiano. Pero nuestra seguridad de salvación se basa en la obra de Cristo en la cruz cuando murió por nosotros, no por como actuamos.

Quizás haya pensado: "Pero a veces no me siento salvo". La salvación se basa en hechos, no en sentimientos. Algunos días se siente salvo más que otros, pero la seguridad de la vida eterna se basa en una promesa de un Dios que no puede mentir. No tiene nada que ver con sus sentimientos. Juan 5:24 nos dice: "Les aseguro que el que oye mi palabra y cree al que me envió tiene vida eterna y no será juzgado, sino que ha pasado de la muerte a la vida". Dios prometió que cuando usted confía en Cristo, eso se resuelve para siempre.

Hágase estas tres preguntas. ¿Admito que soy un pecador que merece la separación eterna de Dios en lo que la Biblia llama infierno? ¿Entiendo que Jesucristo como el Hijo perfecto de Dios tomó mi lugar sufriendo el castigo por mis pecados en la cruz y resucitó? ¿Estoy confiando únicamente en Cristo como mi único camino al cielo?

Si la respuesta es "sí", entonces créale a Dios y lo que dice en su Palabra. 1 Juan 5:13 nos dice: "Escribo estas cosas a ustedes que creen en el nombre del Hijo de Dios, para que sepan que tienen vida eterna". Si Satanás usa este argumento en contra de su salvación, está hablando con la persona equivocada. El argumento de Satanás es con Dios, no con usted. Nuevamente, Dios lo dijo en este versículo y eso lo resuelve todo.

El argumento de Satanás es con Dios, no con usted.

Con esa seguridad, vaya a hablar con todos acerca de su salvación. Cada vez que el pensamiento: "¿Soy yo mismo salvo?" venga a su mente, regrese a Dios y a su promesa, nada más. Cualquier lucha que haya tenido acerca de su salvación pronto quedará atrás. Satanás aprenderá que si va a utilizar esa intimidación para impedir que un creyente comparta su fe con otros, tendrá que ser con alguien que no sea usted.

Preguntas para reflexionar

1. ¿Por qué el asunto de la salvación de un incrédulo y la suya deberían ser dos cosas separadas?

2. ¿Ha permitido que Satanás discuta con usted acerca de su salvación en lugar de dirigirlo a Dios?

Intimidación #8

Puede que este no sea un buen momento. Probablemente no sepas ni la mitad de lo que está pasando en sus vidas.

A veces, Satanás es un maestro de la disminución de nuestras capacidades. Es cierto que no sabemos la mayor parte de lo que está sucediendo en sus vidas, ¡ni siquiera la mitad! Prácticamente no conocemos las circunstancias que rodean la vida de la mayoría de las personas con las que tenemos la oportunidad de hablar.

La verdad es que realmente no necesita saber nada sobre sus vidas. Mucha gente comparte el evangelio con completos desconocidos. De hecho, no saber mucho sobre sus vidas a veces puede ser una ventaja. Le permite hacer preguntas sobre su familia, trabajo y antecedentes. Al hacerlo, discernirá formas en las que puede llevar la conversación de lo secular a lo espiritual y, en última instancia, al evangelio.

Satanás tampoco quiere que usted sepa que Dios sabe todo lo que sucede en sus vidas. No hay nada que Él no sepa. En Juan 2:24-25 dice: "En cambio, Jesús no confiaba en ellos porque los conocía a todos; no necesitaba que nadie le informara acerca de los demás, pues él conocía el interior del ser humano". Dios, al querer atraer a una persona a Cristo, puede haberle traído a usted justo en ese momento porque la está preparando para esa conversación. Él, en su divino amor y providencia, sabe que "ahora es el momento".

Los discípulos se sorprendieron cuando llegaron a Samaria y encontraron gente madura y lista para el evangelio, probablemente debido al ministerio de Juan el Bautista o de los profetas del Antiguo Testamento. Por eso, Cristo los animó: "¿No dicen ustedes: «Todavía faltan cuatro meses para la cosecha»? Yo les digo: ¡Abran los ojos y miren los campos sembrados! Ya la cosecha está madura;" (Juan 4:35).

Una buena pregunta para hacerle a Satanás es: "¿Cuándo es un buen momento?". Eso le mostrará cuán maligno es, porque su respuesta será: "Nunca". El asunto va más allá del hecho de que ahora puede que no sea un buen momento. En lo que respecta a Satanás, nunca habrá un buen momento. Él no quiere que hable con nadie acerca del Salvador, ni ahora ni nunca.

Como se mencionó anteriormente, dos de las palabras favoritas de Satanás son "espera" y "mañana". Él sabe que si puede lograr que usted sucumba a ese tipo de pensamiento, el mañana nunca llegará. Lo que posponga hoy es probable que lo posponga para siempre.

Una buena pregunta para hacerle a Satanás es: "¿Cuándo es un buen momento?".

Antes de venir a Jesús, Satanás cegó tanto nuestros ojos al evangelio que, si el Espíritu Santo no hubiera obrado, nunca hubiéramos visto nuestra necesidad de Cristo. 2 Corintios 4:3-4 dice: "Pero si nuestro evangelio está encubierto, lo está para los que se pierden. El dios de este mundo ha cegado la mente de estos no creyentes, para que no vean la luz del glorioso evangelio de Cristo, el cual es la imagen de Dios". Esa ceguera desaparece cuando venimos a Cristo para que podamos comprender la verdad espiritual. Por eso se nos dice: "El que no tiene el Espíritu no acepta lo que procede del Espíritu de Dios, pues para él es locura. No puede entenderlo, porque hay que discernirlo espiritualmente" (1 Corintios 2:14). Aunque ya no estamos cegados, Satanás hace lo mejor que puede mediante esta intimidación para impedir que reconozcamos dos cosas.

La primera es que la persona con la que estamos hablando no tiene garantía de estar viva el día siguiente. Por eso debe haber urgencia en nuestro testimonio. Conozco a muchos que vinieron a Cristo un día, una semana, un mes o un año antes de morir inesperadamente. La segunda es que a nosotros mismos no se nos garantiza el mañana. Un hombre que pasó por nuestra capacitación en evangelización llevó a un amigo a Cristo un día antes de que él mismo muriera. Si hubiera esperado más, habría perdido esa oportunidad.

Dios nos advierte de lo rápido que puede terminar la vida en Santiago 4:13-15: "Ahora escuchen esto, ustedes que dicen: «Hoy o mañana iremos a tal o cual ciudad, pasaremos allí un año, haremos negocios y ganaremos dinero». ¡Y eso que ni siquiera saben qué sucederá mañana! ¿Qué es su vida? Ustedes son como la niebla que aparece por un momento y luego se desvanece. Más bien, debieran decir: «Si el Señor quiere, viviremos y haremos esto o aquello»". Por lo tanto, si Dios brinda la oportunidad de compartir el evangelio, no debemos posponer las cosas.

Pero hay una última cosa que Satanás no le dice. Puede que tenga razón. Puede que ahora no sea un buen momento. Pero ¿cómo saberlo a menos que aborde el tema? Si usted discierne por gracia que no es el mejor momento, siempre puede dar marcha atrás y buscar otra oportunidad.

> Por lo tanto, si Dios brinda la oportunidad de compartir el evangelio, no debemos posponer las cosas.

Deje que Cristo y las circunstancias particulares le digan si es el mejor momento o no. Puede que lo sea o puede que no. Pero ese momento y esa decisión deben ser el resultado de su caminar con el Señor, no una táctica de intimidación por parte de Satanás.

Preguntas para reflexionar

1. A usted y a la persona con la que está hablando no se les garantiza que estarán vivos mañana. ¿Cómo debería esto impactar cada oportunidad que tenga de testificar?

2. ¿Cómo debería alentar su valentía para seguir adelante en la evangelización la idea de que siempre puede retroceder cuando sea necesario?

Intimidación #9

Estás tratando de hacer algo para lo que Dios usa evangelistas talentosos o personas con mejores habilidades para hablar. No tienes formación en un instituto bíblico ni en un seminario.

A Satanás le encanta el pensamiento tradicional, especialmente cuando le permite intimidar o engañar.

Un pensamiento tradicional en la mente de muchas personas es que compartir el evangelio es algo que Dios quiere que hagan los pastores y evangelistas, o al menos aquellos con habilidades para hablar. Lo que otros deben hacer es simplemente invitarlos a la iglesia donde un pastor o evangelista pueda presentarles el evangelio a través de su sermón. Después de todo, ¿no es esa la razón por la que una persona en el ministerio va al instituto bíblico o al seminario, para aprender a evangelizar?

Lo que Satanás no quiere que usted sepa es lo que muchos en el Cuerpo de Cristo han aprendido. Lo que la Iglesia ha llegado a reconocer es que cualquiera que sirve al Señor (dondequiera que sea) está en un ministerio a tiempo completo. A algunos se les paga como trabajadores cristianos para tener libertad para servir en varios ministerios a tiempo completo o parcial. Pero cualquiera que sirve al Señor (dondequiera que esté y haga lo que haga) está en un ministerio a tiempo completo.

Satanás preferiría que usted no conociera a Bezalel en el Antiguo Testamento. Se dice de él en Éxodo 31:1-3: "El Señor habló con Moisés y le dijo: «Toma en cuenta que he escogido a Bezalel, hijo de Uri y nieto de Hur, de la tribu de Judá, y lo he llenado del Espíritu de Dios, de sabiduría, inteligencia y capacidad creativa»". Bezalel era un líder laboral, no un predicador, y sin embargo estaba lleno del Espíritu de Dios. Estaba en el ministerio a tiempo completo en su lugar de trabajo.

Como su discípulo, ¿qué quiere Dios que usted haga en el lugar de trabajo? Esa pregunta se responde a través de lo primero que Cristo enseñó a sus discípulos en la evangelización. En Mateo 4:19 dice: "«Vengan, síganme—dijo Jesús—, y los haré pescadores de hombres»". Él quiere que evangelice. Cuando Satanás usa el hecho de que usted no está en el ministerio para intimidarlo y no participar en la evangelización, hace lo mejor que puede para mentir y engañar.

La otra cosa inherente a esta intimidación que usa Satanás es hacerle pensar que debe tener un gran volumen de conocimiento y entrenamiento para evangelizar. La próxima vez que Satanás haga que ese pensamiento venga a su mente, hágale una pregunta que odia absolutamente: "Entonces, ¿por qué los nuevos creyentes, algunos de los cuales ni siquiera tienen una semana de edad en el Señor, guían a la gente a Jesucristo?". Es porque saben las únicas tres cosas que uno necesita saber para llevar a alguien a Jesucristo: (1) somos pecadores, (2) Jesucristo murió por nuestros pecados y resucitó, y (3) a través de poner su confianza sólo y únicamente en Él como nuestro único camino al cielo, podemos recibir su regalo gratuito de vida eterna. Los nuevos creyentes comparten ese sencillo mensaje con familiares, amigos y compañeros de trabajo y guían a muchos a Jesucristo.

Para llevar a alguien a Cristo, no es necesario saber mucho, pero sí preocuparse mucho. No se requiere capacitación en un instituto bíblico ni en un seminario.

Algunas personas tienen un don específico en el área de la evangelización. Se ve en su capacidad para relacionarse con los perdidos y equipar a los creyentes en la evangelización. Efesios 4:11-12 dice: "Él mismo constituyó a unos como apóstoles; a otros, profetas; a otros, evangelistas; y a otros, pastores y maestros, a fin de capacitar al pueblo de Dios para la obra de servicio, para edificar el cuerpo de Cristo". Pero en ninguna parte la Biblia dice que hay que tener ese don para poder evangelizar. Compartir su fe es algo que Dios ha llamado a hacer a cada creyente, no sólo a aquellos con el don de evangelización.

Al intimidarle con el pensamiento de que necesita algún tipo de instituto bíblico o seminario para evangelizar, hay algo más que Satanás nunca menciona. A veces aquellos que no están a tiempo completo en un trabajo cristiano tienen las mejores oportunidades para evangelizar. Están rodeados de personas todos los días que necesitan escuchar las Buenas Nuevas de Cristo. Las personas en el ministerio vocacional a menudo están aisladas de las personas a las que quieren llegar. Pasan la mayor parte de su tiempo con creyentes y pierden contactos y conversaciones con no creyentes. Usted tiene la ventaja todos los días de estar rodeado de personas que necesitan escuchar el evangelio.

> A veces aquellos que no están a tiempo completo en un trabajo rodeados de cristianos, tienen las mejores oportunidades para evangelizar.

La idea de que la evangelización es algo que sólo los evangelistas talentosos pueden hacer o aquellos que tienen algún tipo de formación en un instituto bíblico o seminario es uno de los pensamientos menos bíblicos que Satanás podría usar. Se demuestra que eso no es cierto al hacer y responder a la simple pregunta: ¿quién lleva a la mayoría de las personas a Cristo? Una vez más, no son los que saben mucho sino los que se preocupan mucho. La cuestión no es "cuánto sabes" sino "cuánto te importa".

Preguntas para reflexionar

1. ¿Se ha considerado usted cada día como alguien que está en el ministerio a tiempo completo?

2. ¿Por qué como discípulo de Cristo usted tiene una responsabilidad en la evangelización aunque no tenga el don de la evangelización?

Intimidación #10

¿Por qué intentas hacer algo en lo que fracasaste rotundamente la primera vez?

Dios y Satanás tienen algo que muestra la diferencia enorme entre ellos. A Satanás le encanta centrarse en nuestro pasado mientras que Dios se centra en nuestro futuro.

Este es un excelente ejemplo. Mientras piensa compartir su fe, a Satanás le encanta recordarle el "fracaso" que tuvo la primera vez. Pudo deberse a varias razones. Quizás estaba tan emocionado por lo que encontró en Cristo que fue demasiado directo u osado al decirles a sus familiares y amigos cuánto lo necesitaban. Tal vez mencionó el infierno y a ellos les pareció una actitud poco amable. Cuando se resistieron a su mensaje y lo llamaron "fanático religioso", es posible que incluso se haya ofendido y los haya llamado de manera no apropiada. Es posible que haya sido duro cuando habló de su falta de interés en la Biblia y se enojó cuando la llamaron un "libro de cuentos" sin credibilidad. Al reflexionar sobre lo que dijo o hizo, es posible que ahora se vea a sí mismo como un fracasado en la evangelización.

Es entonces cuando a Satanás le encanta venir con sus recordatorios y preguntarle por qué desea repetir la actuación.

Por supuesto, hay varias cosas que Satanás no quiere que vea. Una, es que independiente-mente de lo que dijo o hizo, usted fue sincero al querer que otros llegaran a la fe en Cristo. Por primera vez, se dio cuenta de que se dirigía a una eternidad sin Dios y vio que todo cambió en segundos cuando confió en Cristo. Fue transformado de un reino que no conocía la luz a un reino que no conoce la oscuridad. Colosenses 1:13 explica: "Él nos libró del dominio de la oscuridad y nos trasladó al reino de su amado Hijo". Sabiendo que ellos se dirigían a esa misma eternidad si no confiaban en el Salvador, usted sinceramente quería algo mejor para ellos. Su celo y amor superaron su sentido común al necesitar acercarse a ellos con más tacto. Pero lo que hizo lo hizo con sinceridad, algo que Satanás hará todo lo posible para impedir que usted reconozca.

Además, aprendió como todos lo hacemos. Los errores son una forma en la que Dios nos enseña. Hoy no se acerca a la gente de la misma manera. Pero recuerde, Satanás saca provecho del pasado, no del hoy ni del mañana.

Sin embargo, hay una cosa que es mucho más importante que todo lo que he mencionado. Es una palabra que Satanás preferiría que no escuchara, y mucho menos que entendiera. Se llama perdón. Colosenses 1:14 explica: "En quien tenemos redención y perdón de pecados". El perdón cubre los pecados pasados, presentes y futuros. Y una vez que Dios nos perdona, ya no se acuerda más de nuestros pecados. Por la sangre derramada en la cruz, lo promete a quienes a Él acuden: "Porque yo perdonaré su iniquidad y nunca más me acordaré de sus pecados" (Jeremías 31:34).

Los errores son una forma en la que
Dios nos enseña.

Si esos pecados, fracasos, errores, como quiera llamarlos, no están en la mente de Dios, ya no es necesario que estén en la suya. Mientras considera compartir su fe, suponga que le viene a la mente el "fracaso" que tuvo la primera vez. Concéntrese en el hecho de que, mientras que Satanás dice: "¿Recuerdas?" Dios está diciendo: "Estás perdonado".

A Satanás le gusta aprovechar al máximo la intimidación del "fracaso". Así que intenta llenar su mente con tantos pensamientos desagradables como pueda. ¿Qué pasa si siempre se desvían de cualquier discusión espiritual? ¿Qué pasa si nunca superan la forma en que su brusquedad los ofendió? ¿Qué pasa si les cuentan a sus familiares lo que hizo y ellos también se ofenden? En esencia, intenta hacerle responsable de su destino eterno.

La manera de confrontar a Satanás es con la verdad de Dios. En ninguna parte de la Biblia Dios le hace responsable a usted o a cualquier otra persona por el destino eterno de alguien más. Sólo puede llevarlos a Cristo. No puede traerlos a Cristo. Jesús dijo claramente: "Nadie puede venir a mí, si no lo trae el Padre que me envió, y yo lo resucitaré en el día final" (Juan 6:44). Dios es el soberano, no nosotros. Entonces, incluso si usted hizo un mal trabajo, el lugar donde esa persona pasará la eternidad no depende de usted.

> En ninguna parte de la Biblia Dios le hace responsable a usted o a cualquier otra persona por el destino eterno de alguien más.

La conclusión es que nunca deje de compartir su fe. Esto es simplemente un mecanismo de intimidación que utiliza Satanás. Usted debería ser elogiado por querer ver a alguien venir a Cristo. Ha aprendido gracias a la experiencia, y a que el tacto en su testimonio ha mejorado. Busque su próxima oportunidad. Continúe desarrollando sus habilidades en evangelización. Y agradezca que su trabajo sea compartir. La tarea de Dios es salvar.

Preguntas para reflexionar

1. Al reflexionar sobre el pasado, ¿qué le ha enseñado Dios a través de sus errores en la evangelización?

2. ¿Por qué está mal considerarse un fracaso por los errores que cometió al compartir su fe?

Intimidación #11

La gente no es accesible.
Perderás el tiempo.

Satanás tiene celos de Dios en muchos frentes. Uno de ellos es la omnisciencia. Aunque Satanás es inteligente y astuto, no lo sabe todo. Simplemente le gusta fingir que sí.

Hay dos cosas que hace Satanás al intentar utilizar esta intimidación. La primera es hacerle pensar que las personas que ve en los medios son la norma. Puede que a veces sean los más ruidosos, pero no son la norma. Lo normal es la persona que conduce hacia el trabajo todas las mañanas preguntándose si el dolor que ha empezado a sentir puede ser cáncer. Es la persona que se pregunta si el despido laboral que se avecina le incluirá, y no está seguro de tener lo suficiente para jubilarse. Es la que pasa junto a un accidente automovilístico donde parece haber una muerte y se pregunta dónde iría si algo le sucediera. Es aquella cuyo matrimonio ha sido difícil y las sesiones de asesoramiento han ayudado poco. Ese miedo, ansiedad e inseguridad son lo que Dios está usando para hacerlo receptivo a su conversación.

Además, recuerde que está atacando directamente al reino de Satanás cuando piensa en compartir su fe. Así que la segunda cosa que él intenta es asegurarse de que la primera persona a la que usted se acerque sea la más dura y cerrada al evangelio que jamás haya conocido. Quiere convencerle: "Así son todos. Mucha suerte". Él espera que la primera persona sea suficiente para que usted se rinda.

Enfrente las mentiras de Satanás hablando con quienes comparten a Cristo constantemente. Le dirán por experiencia propia que conocen a pocas personas que no estén interesadas en hablar de cosas espirituales. También le hablarán de aquellos que encontraron que se mostraron agradecidos o receptivos incluso si no estaban listos en ese momento para confiar en Cristo. Eso es lo que los mantiene avanzando cuando conocen a alguien que no tiene ningún tipo de interés. Saben de primera mano que la persona desinteresada es la excepción, no la norma.

Enfrente las mentiras de Satanás
hablando con quienes comparten a
Cristo constantemente.

Lo que Satanás nunca le dirá (y espera que
nadie más lo haga) es que cuando usted es un
siervo de Dios que hace lo que Él quiere (tender
la mano a los perdidos), nunca lo hace solo. Los
versículos comúnmente conocidos como la Gran
Comisión nos dicen: "Jesús se acercó entonces a
ellos y dijo:—Se me ha dado toda autoridad en
el cielo y en la tierra. Por tanto, vayan y hagan
discípulos de todas las naciones, bautizándolos
en el nombre del Padre y del Hijo y del Espíritu
Santo, enseñándoles a obedecer todo lo que les
he mandado a ustedes. Y les aseguro que estaré
con ustedes siempre, hasta el fin del mundo"
(Mateo 28:18-20).

Dios sabe que si Él lo prepara,
su hijo hablará.

Cuando camina en obediencia a esa asignación,
Dios tiene todo tipo de maneras de preparar a
las personas con quienes quiere que comparta
las Buenas Nuevas. Esa es una de las razones por

las que quienes son consistentes en la evangelización tienen tantas buenas oportunidades. Dios
sabe que si Él lo prepara, su hijo hablará. Incluso
cuando encuentren cierta resistencia, el Dios que
está en ellos les ayudará a saber cómo responder
cuando vengan a sus mentes pensamientos e ideas
que nunca habrían pensado por sí mismos. Ellos
experimentan de primera mano la verdad de: "Les
aseguro que estaré con ustedes siempre".

Muchas veces, al enseñar evangelismo, he con-
tado de situaciones personales en las que no tenía
idea de cómo responder. Pero el Dios que está
en mí y conmigo sí lo hizo. Me hizo pensar en
ideas que incluso he compartido con otros para
ayudarlos en su propia tarea de evangelización.

Por último, recuerde que Satanás es mentiroso y es
el padre de la mentira (Juan 8:44). Decirle que
estaría perdiendo el tiempo con cualquier persona es una de sus mayores mentiras. Nunca en
la evangelización está perdiendo el tiempo con
nadie. Con cada persona con la que comparte su
fe, aprende y sigue aprendiendo. Dios usa cada
persona con la que usted habla y cada experiencia
que tiene para equiparle aún más.

También está ganando una recompensa eterna, porque lo importante con Dios es la fidelidad, no la fecundidad. 1 Corintios 4:2 nos recuerda: "Ahora bien, a los que reciben un encargo se les exige que demuestren ser dignos de confianza". En cada conversación, Dios es responsable de los resultados, no usted.

Preguntas para reflexionar

1. ¿Qué podría comprobarle el ser consistente en la evangelización y cómo le ayudaría?

2. ¿Por qué nunca es una pérdida de tiempo evangelizar?

Intimidación #12

No necesitas usar palabras. Tus acciones son suficientes.

Cualquiera que tilde a Satanás de ignorante o estúpido no lo conoce. Es un individuo muy inteligente. Es tan inteligente que puede decir algo que suene bien aunque tenga grandes defectos.

Una manera de ser inteligente es decir algo que suene como un cumplido y luego usarlo como una "excusa" para no evangelizar. Ésa es probablemente una de las formas más sutiles que él pudo concebir para impedirle evangelizar.

Su vida y sus acciones son importantes al compartir su fe. Me pregunto si dos versículos lo resumen mejor que Filipenses 2:14-15: "Háganlo todo sin quejas ni contiendas, para que sean intachables y puros, hijos de Dios sin culpa en medio de una generación torcida y depravada. En ella ustedes brillan como estrellas en el mundo". Su vida da credibilidad a lo que comparte. Decir "Jesucristo puede hacer una diferencia en tu vida" es una cosa. Mostrar cómo Él ha hecho una diferencia en la suya es otra.

A menudo recuerdo al hombre que vino a Cristo y atribuyó su conversión a un vecino que era muy tímido. El vecino expresó sorpresa y dijo: "Pero nunca le hablé de Cristo como debería haberlo hecho". El nuevo creyente respondió: "No, no lo hiciste. Pero viviste de manera distinta a otros. Podría refutar los argumentos de otros y alterar su lógica. Pero no pude refutar tu forma de vivir". Al viajar por el mundo, podría contarles historia tras historia sobre aquellos que se sintieron atraídos por el Salvador porque encontraron a Jesucristo muy atractivo en la vida de un creyente.

Para felicitarle aún más por la vida que lleva, Satanás le recuerda a aquellos que usted conoció y que le dijeron: "Yo vivo una vida mejor que la mayoría de los cristianos". Luego le dice que nadie puede decir eso de usted. Así que, en esencia, le está diciendo: "Has vivido la vida que debías. Ya has hecho suficiente".

Pero deténgase y piense en eso por un momento. Es posible que tenga una tremenda credibilidad ante los no creyentes porque ha vivido la vida que debe vivir un cristiano. Pero supongamos que alguien le observa durante cuatro minutos, cuatro horas o cuatro días. Es posible que queden impresionados con todo lo que usted hace e incluso con el espíritu con el que lo hace. ¿Mirar su vida les explicaría cómo llegar al cielo? Por supuesto que no. Incluso si miraran fijamente a un cristiano cuya vida es perfecta (aunque la vida de ningún cristiano lo es) durante un año entero, no sabrían cómo venir a Cristo. Alguien tiene que hablar con ellos.

Es interesante que Filipenses 2 continúa diciendo en el versículo 16: "manteniendo en alto la palabra de vida. Así en el día de Cristo me sentiré satisfecho de no haber corrido ni trabajado en vano". La palabra de vida se refiere a las Buenas Nuevas del evangelio. El "caminar" sin "hablar" no es de ninguna ayuda para un incrédulo. Mientras vivimos la vida que debemos, todavía necesitamos explicar el evangelio, que Cristo murió por nosotros y resucitó para que podamos disfrutar la eternidad con Él. Sólo escuchando ese mensaje, recibiéndolo como verdad y respondiendo con fe, se apropian del don de la vida eterna. Por eso,

Romanos 10:17 nos dice: "Así que la fe viene como resultado de oír el mensaje y el mensaje que se oye es la palabra de Cristo".

> ¿Mirar su vida les explicaría cómo llegar al cielo?

Entonces, cuando Satanás dice: "No necesitas usar palabras, tus acciones son suficientes", esa es una táctica muy sutil. De una manera inteligente, está tratando de que usted lo viva pero no lo hable. Él sabe muy bien que, si bien vivir la vida puede impresionarlos, lo único que no quiere que haga es invitarlos. Impresionarlos se puede hacer con la vida, pero invitarlos hay que hacerlo con los labios.

> Impresionarlos se puede hacer con la vida, pero invitarlos hay que hacerlo con los labios.

Los no cristianos te han observado. Ahora eres al que tienen que oír.

Preguntas para reflexionar

1. ¿Cómo le da aún más credibilidad y oportunidad en la evangelización vivir la vida rodeado de no cristianos?

2. ¿Por qué el simple hecho de que alguien observe a un cristiano viviendo su vida como tal, no es suficiente para llevarle al Salvador?

Conclusión

¡Dale a Dios lo que Satanás odia!

Una de las cosas que más odia Satanás en la vida de un creyente es cuando es obediente a Cristo.

Lo primero que Cristo enseñó a sus discípulos fue a evangelizar. Él les dijo en Mateo 4:19: "Vengan, síganme—dijo Jesús—, y los haré pescadores de hombres".

¿Por qué Satanás odia que los creyentes lo sigan y sean "pescadores de hombres"? Hay numerosas razones.

Él sabe muy bien que Dios dirige a un siervo obediente. Cuando lo seguimos en la evangelización, aprendemos sobre la marcha. Lo que aprendemos revela las muchas cosas que Satanás quiere decirnos y que no son ciertas. Recuerde, Satanás es mentiroso y padre de mentira. Sólo quiere intimidarnos para que nos quedemos paralizados en lugar de hablar.

Satanás también sabe que, si se lo pedimos a Dios, él nos dará audacia para evangelizar. Todo lo que tenemos que hacer es orar como lo hicieron los discípulos: "Ahora, Señor, toma en cuenta sus amenazas, y concede a tus siervos el proclamar tu palabra sin temor alguno" (Hechos 4:29). Con esa audacia, seremos capaces de dejar atrás las intimidaciones de Satanás y avanzar en la evangelización.

El Espíritu Santo enseñó a los discípulos qué decir en situaciones difíciles y de miedo (Lucas 12:12). Y Satanás sabe que Dios le dará ideas, pensamientos y palabras que usted nunca habría generado por su cuenta. El Espíritu Santo es el Ayudador que Dios promete (Juan 16:7).

Entonces, ¿cuál es la conclusión? Exactamente lo que Dios nos dice: "... porque el que está en ustedes es más poderoso que el que está en el mundo" (1 Juan 4:4). Con eso en mente, puede avanzar en obediencia hacia la evangelización, emocionado ante la perspectiva de cómo Dios le va a usar. Con cada experiencia, puede dejar atrás cualquier intimidación que Satanás quiera usar.

CONCLUSIÓN

Cristo en usted es más poderoso que el que está en el mundo y que cualquier intimidación que Satanás intente usar. Dele a Dios su obediencia en la evangelización y observe cuánto le usa.

El Evangelio. Claro y Sencillo.

Durante más de 50 años, EvanTell ha estado ayudando a miles de personas en todo el mundo para aprender a compartir el evangelio y enseñando a otros a difundir el mensaje de salvación. "Cristo murió por nuestros pecados y resucito de la muerte".

La palabra del Señor se está extendiendo por el mundo y en América Latina, alcanzando así a más de 25 países.

Estamos orgullosos de haber llevado a cabo más de 800,000 entrenamientos evangelísticos y más de 42 millones de presentaciones del evangelio. Nosotros valoramos la integridad, y la clara comunicación del mensaje del evangelio, que somos salvos solo por gracia a través de nuestra fe solamente en Jesucristo.

Libros del autor en español

21 Cosas que Dios Jamás Dijo

31 Días Cultivando Tú Corazón Hacia el Evangelismo

31 Dias para Vivir Como un Nuevo Creyente

Vida Eterna - Realmente Puedes Estar Seguro de Que la Tienes

INSCRÍBETE EN NUESTROS CURSOS
GRATUITOS VIRTUALES DE
EVANGELISMO PERSONAL

REGISTRATE PARA VER TODOS LOS CURSOS EN
EVANTELLESPANOL.ORG/START-HERE

VEA NUESTRA BIBLIOTECA DE
CAPACITACIÓN POR TEMAS

BUSCA HORAS DE
CONTENIDO QUE CUBRE LOS
TEMAS MÁS ACTUALES EN
*EVANTELLESPANOL.ORG/
VIRTUAL-EVENTS*

CONTÁCTANOS PARA LLEVAR A
CABO UN ENTRENAMIENTO EN
VIVO EN TU IGLESIA O LOCALIDAD

SÍGUENOS EN :
FACEBOOK.COM/EVANTELLENESPANOL
YOUTUBE.COM/EVANTELLENESPANOL

VISITA NUESTRA
TIENDA PARA
LIBROS, TRATADOS
Y MÁS RECURSOS

VISITE EVANTELL-ORG.MYSHOPIFY.COM
COLLECTIONS/SPANISH-RESOURCES PARA
VER NUESTRA COLECCIÓN COMPLETA DE
LIBROS Y RECURSOS

www.ingramcontent.com/pod-product-compliance
Lightning Source LLC
Chambersburg PA
CBHW051228120626
46547CB00013B/1562